AF494582

# Traité
# ÉLÉMENTAIRE
# d'HARMONIE

Par

## JOHANNÈS WEBER

Prix Net, 5f

DU MÊME AUTEUR,

*Traité Analytique et Complet de l'Art de Moduler, Prix Net, 12f*

*PARIS, chez l'AUTEUR, 10 Rue St Lazare.*

*Propriété pour tous Pays.*

J. W. 6

1869

# PREMIÈRE PARTIE

## CHAPITRE I.

### DES INTERVALLES.

*DÉNOMINATIONS GÉNÉRALES.* On appelle *intervalle*, la distance entre deux sons qui ne forment pas un *unisson*, c'est-à-dire, dont l'un est plus haut (plus aigu) ou plus bas (plus grave) que l'autre.

Les intervalles se dénomment par le nombre de degrés qu'ils comprennent. Par ex: en partant d'*Ut*, la seconde est ***Ré***; la tierce, ***Mi***; la quarte, ***Fa***; etc.

Nous venons de compter les intervalles en montant. On peut aussi les compter en descendant; dans ce cas il faut le dire expressément. Ainsi, en disant que ***Ré*** est la seconde d'*Ut*, ***Mi***, sa tierce etc. on veut dire que c'est la seconde supérieure, la tierce supérieure, etc. La seconde inférieure d'*Ut*, c'est ***Si***; la tierce inférieure, c'est ***La***, la quarte inférieure, c'est ***Sol*** et ainsi de suite.

Deux intervalles qui, ajoutés l'un à l'autre, donnent une octave, sont l'un le *complément* ou le *renversement* de l'autre.

La seconde a pour renversem! la septième et réciproquement.
La tierce » » la sixte » »
La quarte » » » la quinte » »

EX: 

Les intervalles plus grands que l'octave ne sont dénommés par le nombre des degrés qu'ils comprennent, que lorsqu'on a une raison particulière de le faire. Le plus souvent on les désigne par le nom des intervalles simples, sans avoir égard à la différence d'octave. EX:

*N.B.* Il ne faut pas confondre le *demi-ton diatonique*, c'est-à-dire celui qui peut se rencontrer dans une gamme diatonique (majeure ou mineure) avec le *demi-ton chromatique*. Le premier s'écrit par deux notes placées sur des degrés différents; le second, par deux notes placées sur le même degré. Ex:

***Intervalles majeurs et intervalles mineurs.*** On sait que, dans une gamme majeure ou mineure, les degrés successifs ne sont pas à égale distance les uns des autres. Ainsi dans la gamme d'*Ut* majeur et toutes les autres gammes majeures, nous aurons deux espèces de secondes et par conséquent aussi deux espèces pour tous les autres genres d'intervalles à l'exception de l'octave. Pour les distinguer, on appelle les uns *majeurs* (plus grands) et les autres *mineurs* (plus petits) Ex:

Voici les moyens de reconnaître facilement les intervalles majeurs ou mineurs.

***Secondes.*** Une seconde mineure comprend un demi-ton diatonique; une seconde majeure, un ton entier.

***Septièmes.*** Une septième mineure a pour renversement une seconde majeure; une septième majeure a pour renversement une seconde mineure. Ex:

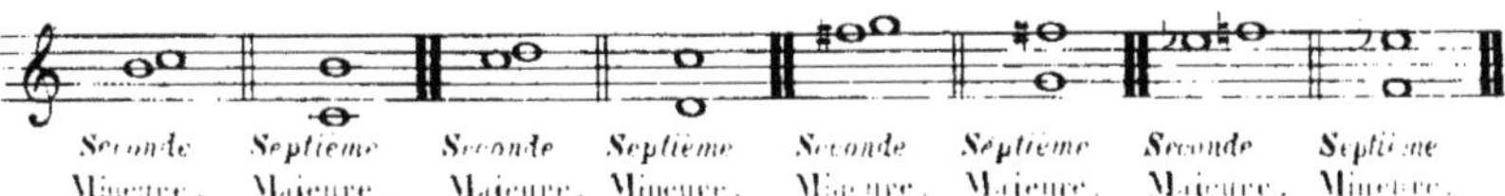


En général, par le renversement, un intervalle mineur en produit un majeur, et un intervalle majeur en produit un mineur.

***Tierces.*** Une tierce mineure comprend un ton et demi; une tierce majeure, deux tons.

***Sixtes.*** Une sixte mineure a pour renversement une tierce majeure, et une sixte majeure a pour renversement une tierce mineure. Ex:

*QUARTES.* Une quarte mineure comprend deux tons et demi; une quarte majeure, comprend trois tons, d'où lui vient le nom de *triton*. EX:

On remarquera que toutes les quartes formées par des notes, dites naturelles, sont mineures, excepté celle de *Fa* à *Si*. Par conséquent dans une gamme majeure, toutes les quartes sont mineures, excepté celle sur le 4$^{me}$ degré, qui est majeure.

*QUINTES.* Une quinte peut se diviser en deux tierces; si les deux tierces sont mineures, la quinte est mineure; si une tierce est majeure et l'autre mineure, la quinte est majeure. EX:

Toutes les quintes formées par des notes naturelles sont majeures, excepté celle de *Si* à *Fa*. Par conséquent dans une gamme majeure, toutes les quintes sont majeures, excepté celle sur le 7$^{me}$ degré, qui est mineure.

*INTERVALLES AUGMENTÉS ET INTERVALLES DIMINUÉS.* Un intervalle majeur, agrandi d'un demi-ton chromatique est dit *augmenté*. Un intervalle mineur qui devient d'un demi-ton chromatique plus petit, est appelé *diminué*. EX:

Tous les intervalles, même l'octave, peuvent devenir augmentés ou diminués; mais tous ne sont pas également usités. Quand on connaîtra bien les intervalles majeurs et les mineurs, on distinguera facilement les intervalles augmentés et les diminués.

Par le renversement, un intervalle augmenté en produit un diminué et réciproquement.

*Intervalles enharmoniques*. On appelle ainsi les intervalles qui ne s'écrivent pas par les mêmes signes mais diffèrent si peu d'intonation qu'on les rend sur le piano et les autres instruments à clavier par les mêmes touches. EX:

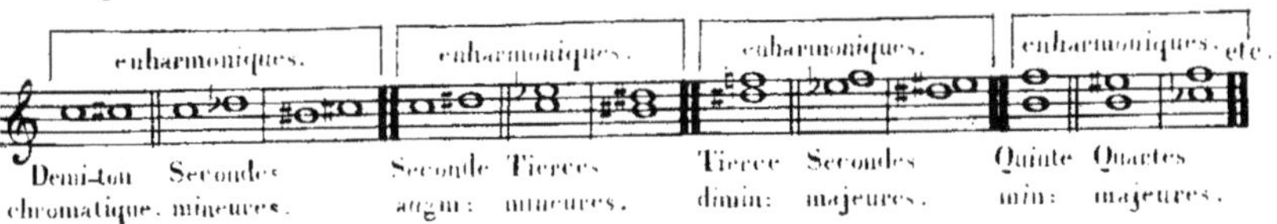


Les gammes majeures de *Fa*♯ et de *Sol*♭ sont enharmoniques entre elles. Il en est de même des gammes mineures de *Ré*♯ et de *Mi*♭; des gammes majeures d'*Ut*♯ et de *Ré*♭; de celles d'*Ut*♭ et de *Si* naturel, etc.

## CHAPITRE II.

### DES ACCORDS EN GÉNÉRAL.

Le mot: *Accord*, désigne proprement toute combinaison de plusieurs sons entendus ou pouvant être entendus à la fois. En musique on désigne habituellement par ce nom, certaines combinaisons qui peuvent servir de fondement à la mélodie. On appelle *accords fondamentaux* ceux dont les autres ne sont que des modifications.

Il y a trois espèces d'accords fondamentaux. Dans leur forme la plus simple il paraissent produits par la superposition de 2, 3 ou 4 tierces. La note la plus grave dans cette disposition est la note *fondamentale*. Dans les trois accords suivants la fondamentale est *Sol*.

Quels que soient le nombre et la disposition des notes d'un accord, on en reconnaîtra l'espèce en supprimant les notes doublées et en le ramenant à la disposition par tierces. Ainsi toutes les combinaisons suivantes ne sont qu'un seul et même accord, à savoir: l'accord de septième de *Sol*.

(On voit aisément que dans l'accord, marqué NB, il y a omission du *Ré*, quinte de la note fondamentale.)

On a donné un nom particulier à celles de ces combinaisons où la note fondamentale n'est pas la plus grave (la Basse.) On les a appelées: *renversements*, parcequ'en effet la note fondamentale subit un renversement. Un accord de 3 notes (accord de Quinte) a deux renversements; un accord de 4 notes (accord de Septième) a trois renversements, et un accord de 5 notes (accord de Neuvième) a quatre renversements. Ex: pour l'accord de septième de *Sol:*

Un accord est *plaqué* quand on fait entendre à la fois les intervalles dont il se compose; il est *brisé*, quand on les fait entendre successivement (comme dans les arpèges). On appelle *harmonie* une succession d'accords.

*N.B.* Quelquefois on se sert aussi du mot harmonie pour désigner un seul accord. Nous ne l'emploierons pas dans ce sens.

Pour exécuter l'harmonie suivante par des voix, il faut quatre personnes dont l'une chantera les notes supérieures ou la 1re partie; l'autre, les notes qui se trouvent immédiatement au-dessous, ou la 2de partie; une autre chantera la 3me partie et une autre encore la partie la plus grave ou la Basse.

Il ne faut donc pas seulement avoir égard aux accords qu'on emploie, mais aussi à leur disposition et à la marche des parties. Même en réalisant une harmonie sur le piano, il ne faut pas négliger cette considération, sans quoi l'on produira des successions mauvaises.

## CHAPITRE III.

### DES ACCORDS DE QUINTE.

Formons un accord de quinte sur chacun des degrés de la gamme d'*Ut* majeur:

Les six premiers sont des accords de quinte majeure; le 7me est un accord de quinte mineure. Les accords de quinte majeure s'appellent aussi *accords parfaits* ou consonnants, parcequ'ils sont les plus satisfaisants.

1, 4, 5 sont des *accords parfaits majeurs*, parceque la tierce de la note fondamentale est majeure; 2, 3, 6 sont des *accords parfaits mineurs*, parceque la tierce est mineure.

*Nota*. Pour se familiariser avec les accords parfaits, on écrira ou l'on exécutera sur le piano l'exercice suivant. En partant de l'accord parfait d'*Ut* majeur, on réalisera tous les accords parfaits majeurs, à 4 parties, de telle sorte que les notes fondamentales se succèdent par quintes majeures en montant (ou par quartes mineures en descendant), jusqu'à *Ut* ♯; puis on suivra l'ordre inverse. On fera de même pour les accords parfaits majeurs, par quintes majeures en descendant (ou par quartes mineures en montant) depuis *Ut* jusqu'à *Ut* ♭.

On placera les notes fondamentales à la basse; pour ne pas faire faire aux autres parties des sauts inutiles et pour obtenir tous les accords en trois positions différentes, on fera attention que les parties supérieures ou marchent par secondes, ou conservent la note commune à deux accords qui se succèdent. EX:

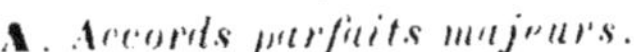

**A**. *Accords parfaits majeurs.*

Accords parfaits avec Dièses. — Succession inverse.

1re Position. — etc jusqu'à

Accords parfaits avec Bémols. — Succession inverse.

etc jusqu'à

Faire les mêmes exercices en commençant ainsi. — 2e Position. — etc

Puis encore en commençant ainsi.

**B**. *Accords parfaits mineurs.*

Accords parfaits avec Dièses. — Succession inverse.

1re Position. — etc jusqu'à

Accords parfaits avec Bémols. — Succession inverse.

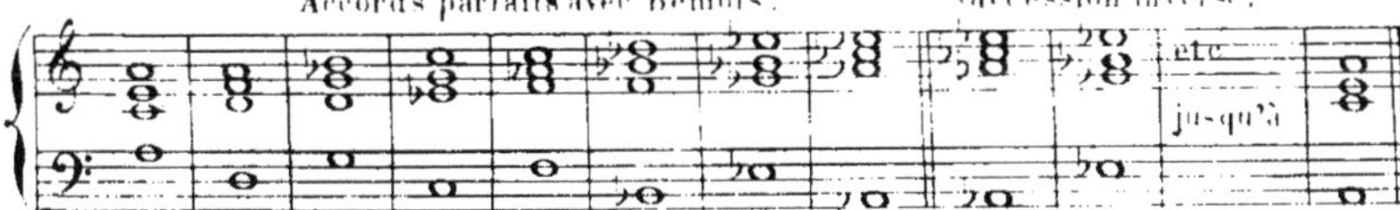


Faire les mêmes exercices en commençant par l'accord de *La* mineur dans cette position.

Puis dans celle-ci.

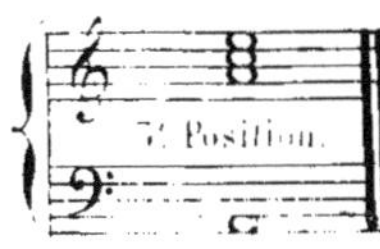

Les accords parfaits les plus importants dans une gamme majeure ou mineure, sont ceux de la tonique (1er degré), de la dominante (5e degré) et de la sous-dominante (4e degré). EX:

N.B. Faire le même exercice dans les deux autres positions; puis dans tous les tons.

L'accord parfait de la tonique et celui de la sous-dominante sont majeurs dans une gamme majeure, et mineurs dans une gamme mineure. L'accord parfait de la dominante est majeur dans les deux modes, parceque la note sensible est nécessaire pour amener le repos sur la tonique.

Comparons ensemble une gamme majeure et une gamme mineure, partant de la même tonique.

Les 1er, 2e, 4e, 5e, 7e degrés sont les mêmes dans les deux modes; ce sont les notes *tonales*; le 3e degré et le 6e sont les notes *modales*. Le 3e degré entre comme tierce dans l'accord parfait de la tonique, et le 6e degré, comme tierce dans l'accord parfait de la sous-dominante.

Les intervalles qui entrent dans la composition d'un accord parfait ou consonnant, s'appellent: *consonnances*. Ce sont: l'octave, la quinte majeure, la quarte mineure, la tierce majeure ou mineure et la sixte majeure ou mineure. EX:

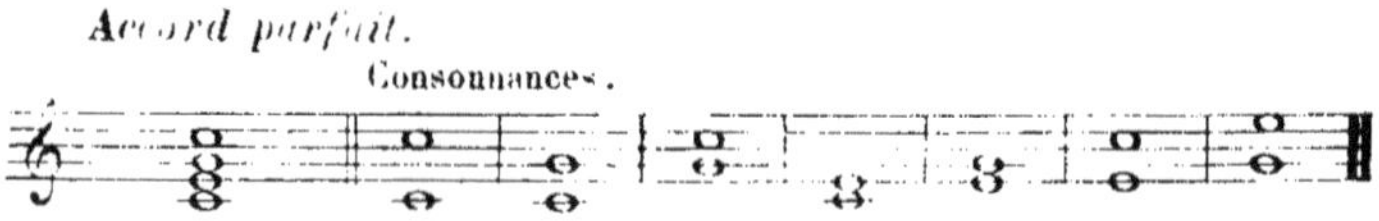


Tous les autres intervalles sont *dissonnants*, c'est-à-dire moins satisfaisants pour l'oreille, ce qu'il ne faut confondre avec discordant ou faux.

## CHAPITRE IV.

### DE L'ACCORD DE SEPTIÈME DE DOMINANTE.

L'accord de septième le plus usité, c'est celui sur la dominante d'une gamme majeure ou mineure. Il est le même dans les deux modes. EX:

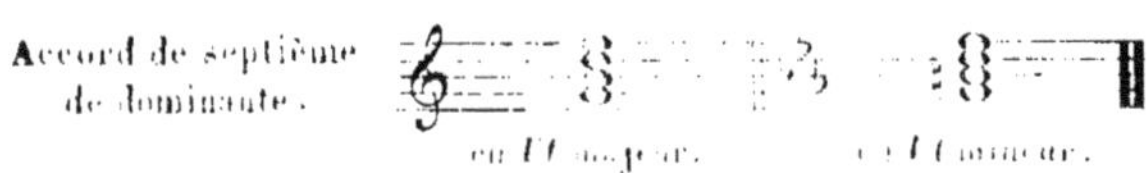


Tout accord contenant une ou plusieurs dissonances a besoin d'être suivi d'un autre accord, sur lequel on dit qu'il fait sa résolution. La meilleure résolution de l'accord de septième de dominante se fait sur l'accord parfait de la tonique. La dissonance de septième se résout en descendant d'un degré; et la note sensible en montant sur la tonique. Les autres intervalles n'ont pas de marche prescrite. EX:

Résolution de l'accord de septième de dominante en *Ut* majeur.

Forme directe ———— 1er renvt de l'accord de Septième.

2e renvt de l'accord de Septième. 3e renvt de l'accord de Septième. ou bien ou

En bémolisant partout le *Mi*, ces exemples s'appliqueront au ton d'*Ut* mineur.

*N.B.* A réaliser dans tous les tons.

Il peut arriver que la marche des parties exige la suppression d'un intervalle; c'est ordinairement la quinte de l'un ou de l'autre des deux accords. Quelquefois aussi l'on supprime la note fondamentale de l'accord de septième. EX:

Suppression de la quinte dans l'accord de tonique. Suppression de la quinte dans l'accord de dominante. Suppression de la note fondamentale dans l'accord de dominante.

# CHAPITRE V.

## DE L'ACCORD DE NEUVIÈME DE DOMINANTE.

On n'emploie l'accord de neuvième que sur la dominante. Il se compose des mêmes intervalles que l'accord de septième de dominante, plus la neuvième qui est majeure dans le mode majeur, et mineure dans le mode mineur. La meilleure résolution se fait soit directement sur l'accord parfait de la tonique, soit sur l'accord de septième de la dominante, lequel se résout ensuite. EX:

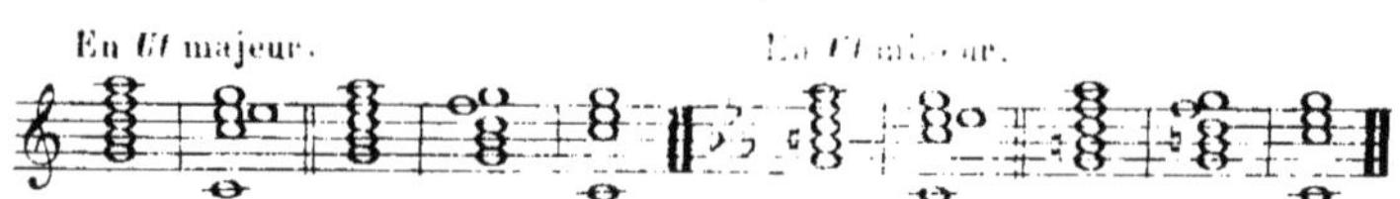


La dissonance de neuvième se résout en descendant d'un degré; la septième et la note sensible se résolvent comme dans l'accord de septième de domin.te

L'accord de neuvième n'indique pas seulement le ton, comme l'accord de septième de dominante, mais aussi le mode, puisque la dissonance de neuvième est une note modale (6e degré).

*Précautions exigées par l'accord de neuvième.* Dans les diverses dispositions de l'accord il faut, pour conserver à la neuvième son caractère propre:

1° Placer la neuvième toujours au-dessus et à la distance de plus d'une octave de la note fondamentale.

2° Placer la neuvième majeure au-dessus de la tierce de l'accord; presque toujours elle se trouve à la partie supérieure. Pour la neuvième mineure cette 2me précaution n'est pas nécessaire.

(Voir les exemples ci-après.)

La résolution exige la précaution suivante, lorsque l'accord de neuvième se résout immédiatement sur l'accord parfait de la tonique, il faut éviter une succession de *deux quintes* entre deux mêmes parties. EX:

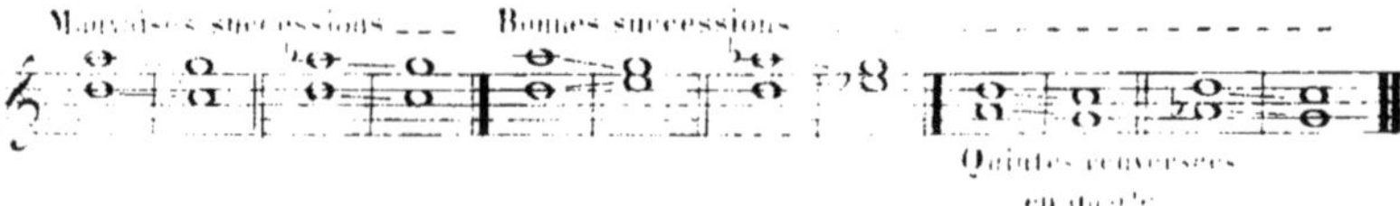


La succession de deux quintes est à craindre chaque fois que la neuvième se trouve au dessus de la quinte de l'accord, ce qui arrive presque toujours pour l'accord de neuvième majeure, mais non pas toujours pour l'accord de neuvième mineure. EX:

Pour le ton d'*Ut* mineur, mettez *Mi♭* et *La♭*.

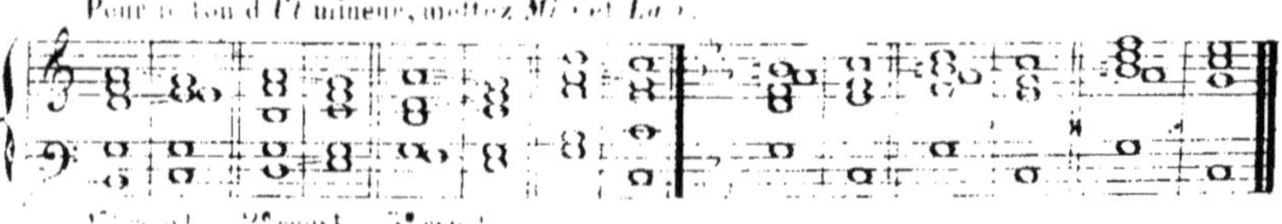

Le plus souvent, on supprime la note fondamentale des accords de neuvième; ils prennent alors l'apparence d'un *accord de septième sur la note sensible*. L'accord de neuvième mineure se change ainsi en un *accord de septième diminuée*.

(Seule manière de pratiquer le 4e renv.)

*N.B.* On fera des exercices sur les accords de neuvième dans tous les tons. On en agira de même pour les accords dont nous parlerons dans les chapitres suivants.

# DEUXIÈME PARTIE.

## CHAPITRE VI.

### DE LA MARCHE DES PARTIES DE L'HARMONIE.

1º Il ne faut pas faire sauter les parties trop souvent ni inutilement; il faut éviter autant que possible les successions peu mélodieuses ou d'une intonation difficile. On fera donc marcher les parties le plus souvent par *degrés conjoints* c'est-à-dire par secondes majeures ou mineures ou bien par intervalles consonnants.

2º On évite de doubler la note sensible et les dissonances, à l'exception de la quinte mineure (nous en donnerons un exemple au chapitre suivant) parceque c'est la dissonance la moins dure.

3º Deux quintes majeures de suite, ou une quinte majeure après une quinte mineure, entre deux mêmes parties, font presque toujours mauvais effet. EX:

*N.B.* Les successions de quintes sont surtout à craindre, quand les notes fondamentales de deux accords qui se suivent, forment un intervalle de seconde.

4º Evitez aussi deux octaves de suite entre deux mêmes parties. Les octaves pratiquées à dessein pour renforcer la mélodie, la basse et en général une ou plusieurs parties de l'harmonie sont admises. EX:

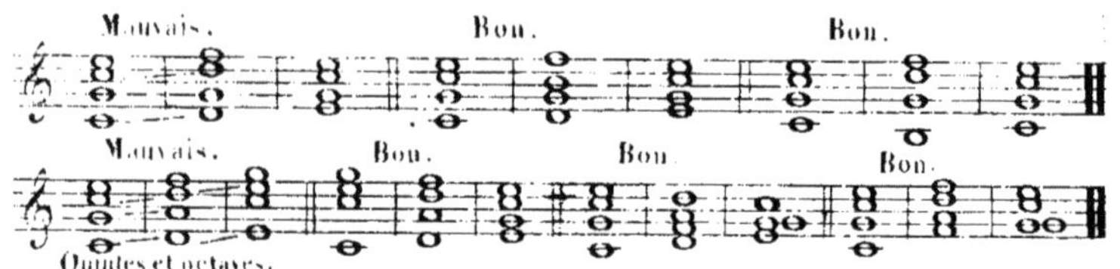


5º Lorsqu'en passant d'un ton dans un autre, une note est altérée par un ♯, un ♭ ou un ♮, elle doit l'être dans la même partie, si non il en résulte une *fausse relation* d'autant plus choquante qu'elle est plus facile à éviter ou qu'elle produit des sauts moins justifiables. On évite aussi de doubler la note qui est altérée, à moins que, dans certains cas, la marche des parties ne reste très bonne (N). EX:

6º Lorsqu'un renversement produit une quarte mineure sur la basse, il convient le plus souvent que cette quarte soit *préparée* par sa note supérieure ou sa note inférieure, c'est-à-dire, que l'une des deux notes soit contenue dans l'accord précédent et dans la même partie. Le cas le plus ordinaire où l'on peut manquer à cette règle, c'est lorsque le second renversement de l'accord parfait de la tonique est amené comme en **P**. Tant que dure un même accord, les parties peuvent aller librement d'une note à l'autre. Ex: **Q**. _ Dans les exemples suivants les quartes sont préparées aux endroits marqués +.

Quand la basse fait quarte mineure avec une partie supérieure et que l'accord change immédiatement après, il faut éviter de faire sauter la basse (voir les exemples ci-dessus).

*N.B.* C'est surtout dans le second renversement des accords (jamais dans le premier) que cette 6º règle trouve son application.

7º Une harmonie en accords brisés est bonne, si elle reste bonne étant plaquée. Les silences entre les accords et d'autres modifications accidentelles ne cachent pas non plus une faute.

# CHAPITRE VII.

## DE LA SUCCESSION DES ACCORDS DANS UN MÊME TON.

**A.** *ACCORDS DE QUINTE.* Les accords parfaits de la tonique, de la dominante et de la sous-dominante se rencontrent très fréquemment, surtout dans les formules de cadences, c'est-à-dire marquant un repos plus ou moins complet, ce qui a lieu le plus souvent (non pas toujours) de quatre mesures en quatre mesures. Une *cadence parfaite* se fait par l'accord parfait de la tonique, précédé de l'accord parfait ou de septième de la dominante, les deux accords étant employés dans leur forme directe (c'est-à-dire sans renversement). Une *demi cadence* peut avoir lieu de la même manière ou en s'arrêtant sur l'accord de dominante. EX:

Souvent aussi on emploie, dans les formules de cadences, le premier renversement de l'accord de quinte du second degré. EX:

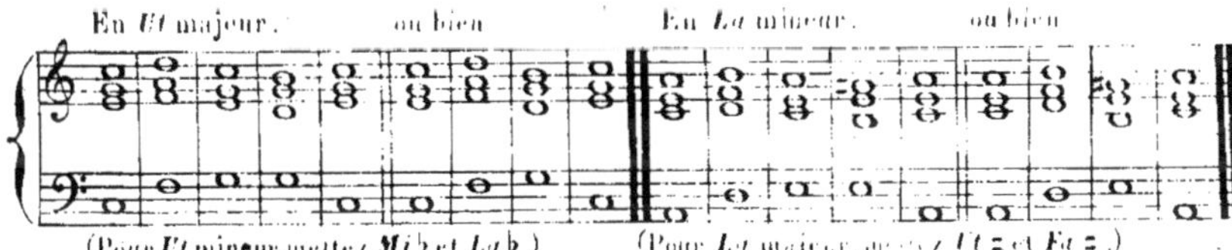


Dans l'accord de quinte sur le second degré du mode mineur, la quinte est mineure.

En général les accords parfaits appartenant à un même ton peuvent se succéder de toutes les manières possibles. Cependant les successions par quintes en montant ou en descendant et celles par tierces en descendant sont les plus usitées. On emploie souvent ces accords en *progressions* ou marches régulières. EX:

*Progressions d'accords parfaits.*

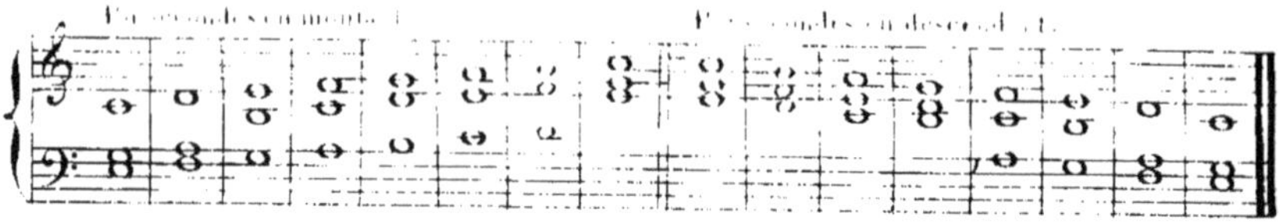

Dans le mode mineur on ne trouve des accords parfaits que sur les 1<sup>r</sup>, 4<sup>e</sup>, 5<sup>e</sup> et 6<sup>e</sup> degrés. EX: en *La* mineur.

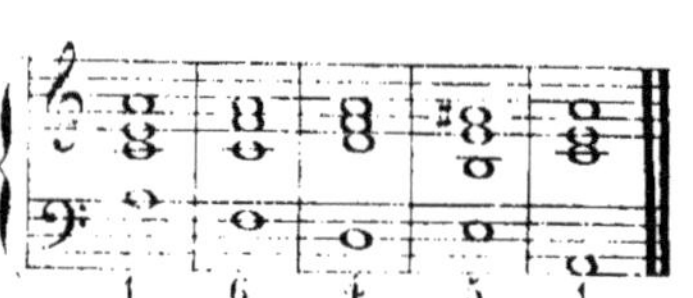


*L'accord de quinte mineure : Si, Ré, Fa* peut se trouver 1º sur le second degré de la gamme de *La* mineur; 2º sur la note sensible d'*Ut* majeur ou mineur. Dans le premier cas il se résout ordinairement sur l'accord parfait de la tonique, ou sur l'accord parfait ou de septième de la dominante, *Fa* faisant sa résolution sur *Mi*. Dans le second cas, il se résout comme accord de septième de dominante privé de sa note fondamentale. Dans les progressions il suit la marche régulière des autres accords. La dissonance *Fa* peut se doubler sans inconvénients, (q). EX:

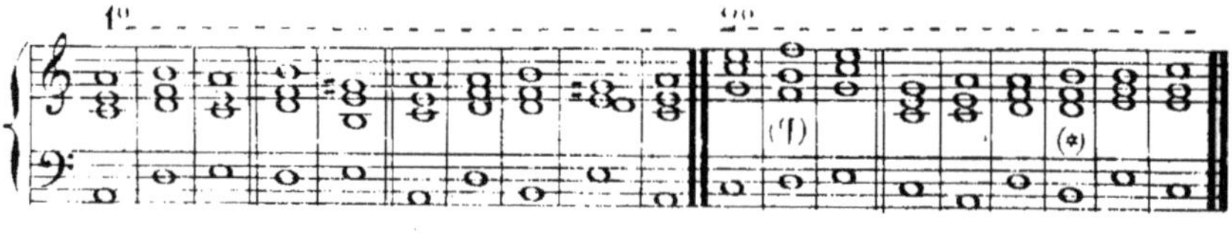

1º — 2º

(¶) (*)

(*). Par l'effet de la progression la note sensible est doublée et *Fa* se résout sur *Sol*.

N. B. Nous parlerons plus tard de l'accord de quinte augmentée qui parait se placer sur le 3º degré d'une gamme mineure. Ex. en *La* mineur.

**B. *ACCORDS DE SEPTIÈME.*** Dans une gamme majeure on peut placer un accord de septième sur tous les degrés. On emploie souvent ces accords en progressions. Chaque accord de septième fait sa résolution sur un accord de quinte ou de septième dont la note fondamentale est la quinte inférieure (ou la quarte supérieure) de celle de l'accord à résoudre. EX:

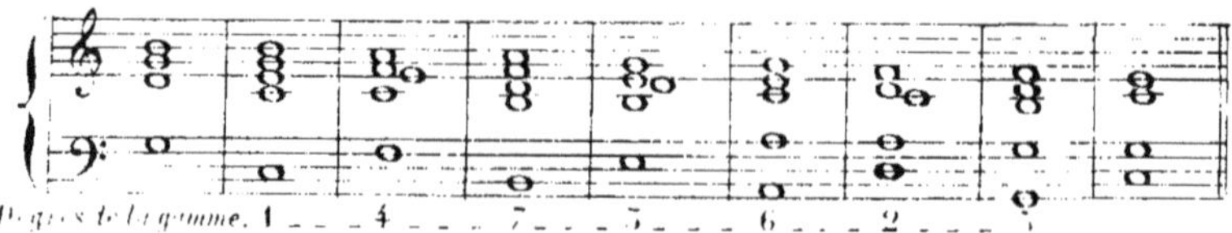

(Tous les accords de septième sont dans leur premier renversement.)

Tous ces accords de septième, à l'exception de celui sur la dominante, sont durs; on les adoucit en préparant la note dissonante. Dans les exemples qui précèdent, toutes les septièmes sont préparées.

Le premier renversement de l'accord de septième sur le 2e degré, se rencontre souvent dans les formules de cadences. EX:

En *Ut* majeur. En *La* mineur.

(*) (*)

(Pour *Ut* mineur, mettez *Mi*♭ et *La*♭). (Pour *La* majeur mettez *Ut*♯ et *Fa*♯).

(*) Résolution irrégulière de l'accord de septième, mais très usitée.

Dans une gamme mineure nous trouvons, outre les accords de septième sur la dominante et le 2e degré, un accord de septième sur le 6e degré *(a)*, un autre sur le 4e degré *(b)* mais faisant sa résolution régulière dans le ton majeur qui a la même armure. L'accord de septième diminuée, sur la note sensible *(c)* nous est déjà connu comme accord de neuvième mineure, privé de sa note fondamentale.

*N.B.* Les accords de septième sur le 1er degré *(d)* et sur le 3e degré *(e)* ne sont pas des accords de septième proprement dits; on en trouvera l'explication au chapitre des notes accidentelles.

En *La* mineur. (résolution en *Ut* maj.)

(a) (b) (c) (d) (e)

## CHAPITRE VIII.

### DES MODULATIONS.

***MODULER***, c'est passer d'un ton dans un autre, au moyen d'un ou de plusieurs accords qui font la liaison. Lorsqu'on attaque immédiatement le ton nouveau par l'accord parfait de la tonique, on *change de ton*, sans moduler réellement.

Avant tout, il faut bien connaître la série des tons selon l'ordre des dièses et des bémols.

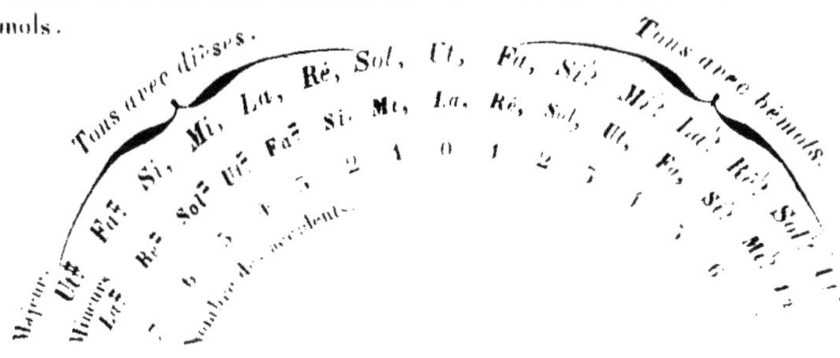

Les cinq tons les plus voisins de chaque ton, c'est-à-dire qui ont la même armure ou un accident de plus ou de moins, sont appelés ses *relatifs*. Ainsi les relatifs d'*Ut* majeur sont *Sol* majeur, *Fa* majeur, *La* mineur; puis *Ré* mineur et *Mi* mineur. Les relatifs de *La* mineur sont *Mi* mineur, *Ré* mineur, *Ut* majeur; puis *Sol* majeur et *Fa* majeur. Ce sont les tons où l'on module fréquemment. Très souvent aussi on change de mode sans changer de ton, comme par exemple d'*Ut* majeur en *Ut* mineur, ou réciproquement. EX:

4° ***Modulations au moyen d'accords de quinte.*** On peut moduler par des accords parfaits, quand ils indiquent suffisamment la liaison. Lorsqu'un accord est commun à deux tons, il peut servir à faciliter la transition. On peut quitter un ton après n'importe quel accord appartenant à ce ton. Dans les exemples suivants, la modulation part d'*Ut* majeur et y revient.

*N.B.* Pour plus de simplicité nous indiquerons les tons majeurs par des majuscules, et les mineurs par des minuscules.

UT SOL ré mi UT | UT FA la

UT | UT ut LA♭ ut UT | UT fa UT

*L'accord de quinte mineure* sert parfois aussi à moduler. EX:

D'*Ut* majeur en *La* mineur. — en *Mi* mineur — en *Ré* mineur — en *Sol* majeur.

2º *Modulations par des accords de septième*. L'accord de septième de dominante déterminant par lui-même le ton, est d'un usage continuel dans les modulations. On peut aller par cet accord dans n'importe quel ton; on emploie peu cependant les modulations brusques en des tons très éloignés. EX:

UT | SOL | la | mi | ré | FA | UT | UT | RE

MI | la | UT | UT | fa | RE? | MI? | UT

Les autres accords de septième peuvent servir aussi à moduler, surtout entre des tons très rapprochés l'un de l'autre. EX:

UT | la | UT | UT | sol | SOL

dissonance non préparée.

3º *Modulations par des accords de neuvième*. Les accords de neuvième majeure ne servent qu'à moduler dans des tons très voisins l'un de l'autre. EX:

UT | SOL | UT | SOL | UT | FA | UT | FA | SOL | UT

L'accord de neuvième mineure privé de sa note fondamentale, sous forme d'accord de septième diminuée, est d'un emploi continuel dans les modulations. Par suite d'une substitution de mode, on s'en sert indifféremment pour moduler dans un ton majeur ou mineur. EX:

UT | ré | la | (sol) SOL | mi | (fa) FA | (ut) UT

4º *Les résolutions irrégulières* des accords dissonnants fournissent de nouvelles ressources à la modulation. La note dissonnante peut faire sa résolution régulièrement, quel que soit l'accord contenant la note de résolution *(a)*; ou bien elle peut subsister dans cet accord, en restant dissonnance ou en devenant consonnance *(b)*. Plus rarement elle prend une marche opposée à sa marche régulière, en montant au lieu de descendre *(c)*. EX:

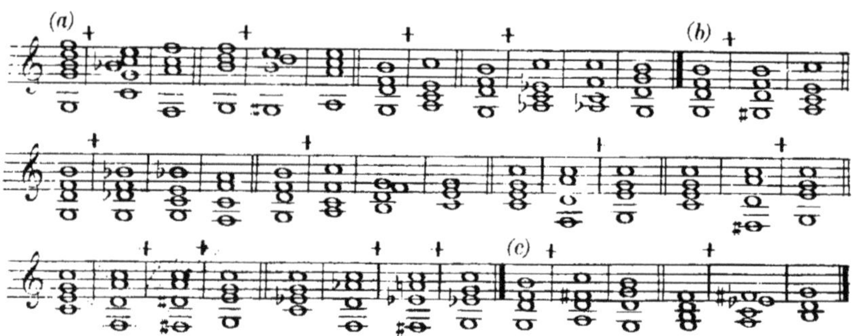


Aux résolutions irrégulières appartiennent aussi les *changements enharmoniques* auxquels se prêtent tout particulièrement les accords de septième diminuée. EX:

Au moyen de changements enharmoniques soit écrits, soit sous entendus, on peut arriver dans tous les tons. EX:

*N.B.* Par l'effet des substitutions enharmoniques, tous les accords de septième diminuée se réduisent sur le piano à trois, ainsi qu'on peut s'en assurer facilement. Chaque touche, dans un tel accord, peut à son tour être considérée comme note sensible.

# CHAPITRE IX.

## DES ACCORDS D'ALTÉRATION.

On peut faire subir à quelques accords une altération chromatique qui leur donne l'apparence d'accords nouveaux.

1º On obtient un accord de *quinte augmentée* en altérant la quinte d'un accord parfait majeur *(a)*, ou quelquefois la note fondamentale d'un accord parfait mineur *(b)*. L'altération ascendante se résout en montant d'un demi-ton; l'altération descendante se résout en descendant d'un demi-ton. EX:

Ex: de modulations par l'accord de quinte augmentée.

On pratique quelquefois aussi, dans le mode majeur seulement, l'altération ascendante de la quinte dans l'accord de septième de dominante. (Nous trouverons l'altération descendante dans l'accord de sixte augmentée dont nous allons parler.) EX:

2º L'accord d'altération le plus usité c'est un accord de *sixte augmentée* employé ordinairement sur le 6º degré mineur d'une gamme. L'intervalle de sixte augmentée peut être accompagné:

*(a)* de la tierce majeure seule ou doublée;
*(b)* » » » » et de la quinte majeure;
*(c)* » » » » et de la quarte majeure;

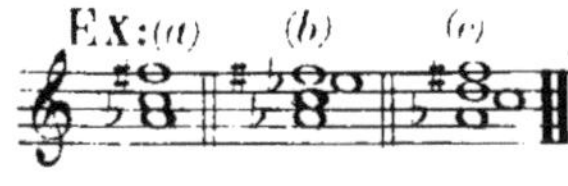


La résolution se fait sur l'accord parfait de la dominante ou sur celui de la tonique, majeur ou mineur, de telle sorte que la sixte augmentée se résout sur l'octave. EX

(*) La succession de deux quintes majeures se pratique quelquefois dans cette résolution, pourvu que les quintes ne soient pas trop en évidence. On peut disposer les notes de l'accord de sixte augmentée de toutes les façons; presque toujours cependant *La* est à la basse. On emploie rarement la tierce diminuée résultant du renversement de la sixte augmentée.

L'accord de sixte augmentée est très usité dans les modulations. Avec tierce et quinte, il est enharmonique d'un accord de septième de dominante. EX:

## CHAPITRE X.

### DES NOTES ACCIDENTELLES.

1º *Les notes de passage* servent de liaison mélodique entre les notes réelles d'un même accord ou de deux accords qui se succèdent. Ordinairement elle marchent par tons ou demi-tons d'une note réelle à l'autre. EX:

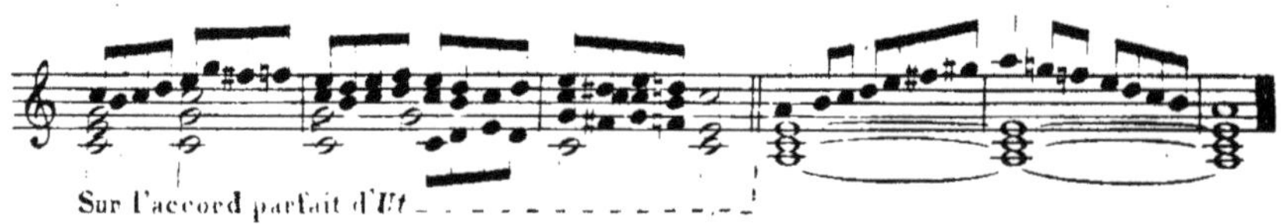


2º Les *appogiatures* font leur résolution presque toujours par ton ou par demi-ton sur une note réelle, comme les notes de passage, mais elles peuvent être attaquées par un saut, ou sans être précédées d'une note réelle.

*N.B.* Le mot appogiature a ici un autre sens que dans la théorie générale de la lecture musicale. Ex:

Lesnotesde passage et les appogiatures sont d'un usage continuel. Les appogiatures se pratiquent de préférence dans la mélodie.

3º Les *anticipations* consistent dans une ou plusieurs notes d'un accord entendues avant que la durée de l'accord précédent soit tout à fait expirée. Elles ont toujours une courte durée. EX:

4º Les *retards* sont le contraire des anticipations. EX:

Ce genre de retards (faussement appelés syncopes) ne produit guère qu'un effet rhythmique.

Les retards appelés *suspensions* ou *prolongations* se préparent et se résolvent régulièrement et font presque l'effet d'accords nouveaux. EX:

Harmonie simple. Harmonie avec suspensions.

La préparation doit avoir une durée pour le moins égale à celle de la suspension.

La suspension se place presque toujours sur un temps fort, ou en général sur une division de la mesure plus accentuée que celle où tombe la résolution.

La suspension doit se résoudre par seconde majeure ou mineure en descendant, quelquefois par seconde mineure (presque jamais majeure) en montant.

La note retardée ne doit pas être entendue en même temps que la suspension; elle peut l'être à la distance d'au moins une septième au dessous de la suspension et de préférence dans la basse. (Voyez la suspension de neuvième dans la 3me mesure et les suspensions de septième et de neuvième dans la 5me mesure de l'exemple précédent.)

5º *La pédale* consiste dans une note prolongée sur des accords dont un ou plusieurs ne la contiennent pas comme note réelle. Elle se place le plus souvent à la basse. C'est ordinairement la tonique ou la dominante qu'on emploie pour faire pédale. EX:

*N.B.* On trouvera dans notre *Traité analytique et complet de l'art de moduler* des explications approfondies sur les propriétés tonales des différents accords, sur les lois de leur enchaînement et leur emploi dans les modulations, sur les lois de l'affinité des tons, et en général sur tous les moyens de réaliser les modulations, sur l'emploi des notes accidentelles, sur l'usage des modulations dans la construction des phrases et des périodes d'un morceau de musique et dans le développement des idées.

# CHAPITRE XI.

## DE LA BASSE CHIFFRÉE.

La basse chiffrée consiste à indiquer les accords par les chiffres mar-quant les intervalles que leurs notes font avec la basse. EX:

Accord parfait. Accord de septième.

8 5 3 — 6 3 — 6 4 — 7 5 3 — 6 5 3 — 6 4 3 — 6 4 2

Il suffit d'écrire les chiffres indispensables pour faire reconnaître un acco on ajoute les autres selon les besoins, si une note est altérée ou pour d'autres motifs. La basse chiffrée donnée ci-dessus peut donc se simplifier ainsi:

De là viennent les noms suivants:

| | | |
|---|---|---|
| *Accord de sixte* | = | 1er renversement d'un accord de quinte. |
| *Accord de quarte et sixte* | = | 2e » » » » » |
| *Accord de quinte et sixte* | = | 1er » » » de septièm |
| *Accord de tierce et quarte* | = | 2e » » » » » |
| *Accord de seconde* | = | 3e » » » » » |

Les accidents se placent devant ou derrière les chiffres. Pour la tierce o écrit l'accident sans chiffre.

5̸ indique une quinte mineure, 7̸ une septième diminuée, + la note sensibl + 4 équivaut à + 4 2. Un trait horizontal —— signifie qu'une note ou un accord se prolonger; un zéro ou *tasto solo* indique l'absence d'accords.

L'accord de neuvième se chiffre par les intervalles nécessaires pour le faire reconnaître.

On indique aussi par des chiffres les suspensions et leur résolution. Un 4 plac seul équivaut à 5 4 (suspension de la tierce par la quarte, dans un accord parfait.) Ex

Moderato.

**FIN.**

Imp: L. SALME, rue de la Poterie, 20.

www.ingramcontent.com/pod-product-compliance
Ingram Content Group UK Ltd.
Pitfield, Milton Keynes, MK11 3LW, UK
UKHW020542180726
13839UKWH00006B/2669

9 782329 570570